Inhalt

Vorwort	2
Material- und Werkzeugliste	3
Literaturhinweise	3
Das schönste Ei	4
Das verflixte Federvieh	6
Verrückte Hühner	8
Ferdinand, der Stier	10
1, 2, 3, 4 Eckstein, der Hase soll versteckt sein!	14
Mäusepicknick	18
Eine Gans fliegt über Land	20
Ein neues Haus für Familie Maus	23
Bunt wie eine Kuh	26
So eine Schweinerei!	28
Danke	32

Vorwort

Kreative Kinder mit all ihren fantastischen Ideen sind für uns auch diesmal wieder eine echte Herausforderung gewesen. Dieser Herausforderung haben wir uns in den letzten Jahren immer wieder begeistert gestellt.

Dieses Heft ist ein kleiner Einblick in unsere kunstpädagogische Arbeit, bei der wir viele wertvolle und begeisternde Ideen sammeln konnten.

Immer wieder wurden wir angesprochen, ob wir nicht auch Ideen zum Thema „Bauernhof" hätten. In dieser Ausgabe stellen wir Ihnen unter dem Titel „Bunter Bauernhof" vor, was wir in unseren Projekten und Kursen zu diesem Thema mit Kindern im Alter von fünf bis zehn Jahren gestaltet, gemalt, gewerkt und erzählt haben.
Die gesammelten Anregungen sind einfach nachzugestalten und können natürlich frei variiert werden.
Obwohl alle Anregungen auf unserer praktischen Erfahrung beruhen, empfehlen wir immer die Handgriffe, Materialien und Rezepte selbst einmal auszuprobieren. Nicht jeder Kleber klebt gleich, Materialien reagieren immer unterschiedlich und jeder macht die Handgriffe etwas anders.

Wir wünschen allen, die mit unserem Buch arbeiten, genauso viel Spaß und Faszination, wie wir sie hatten und natürlich …

… viel Schwein!

Nicole Joiner und Dagmar Rücker

Material- und Werkzeugliste

Diese Materialien werden insgesamt grundsätzlich für die Projekte benötigt:

- Abdeckplane, Abdeckfolie, dicke Malunterlagen (Pappen)
- Schneidemesser (Cutter), Scheren, Gartenschere
- Hammer
- Zange
- Heißklebepistole
- Föhn
- großes Lineal
- Restepapierkiste
- weißes Kopierpapier, weißes Papier in verschiedenen Stärken und Größen (DIN A5, DIN A4, DIN A3, DIN A2)
- Klebestifte, Flüssigkleber in kleinen Flaschen, Tapetenkleister
- Kreppklebeband in verschiedenen Breiten, Doppelklebeband
- Bleistifte, Holzfarbstifte, Wachsmalstifte
- Wasserfarben, deckende Farben (z. B. Tempera)
- Pinsel in unterschiedlichen Stärken, Schwämmchen
- Wasserbecher und Teller zum Mischen
- Malkittel

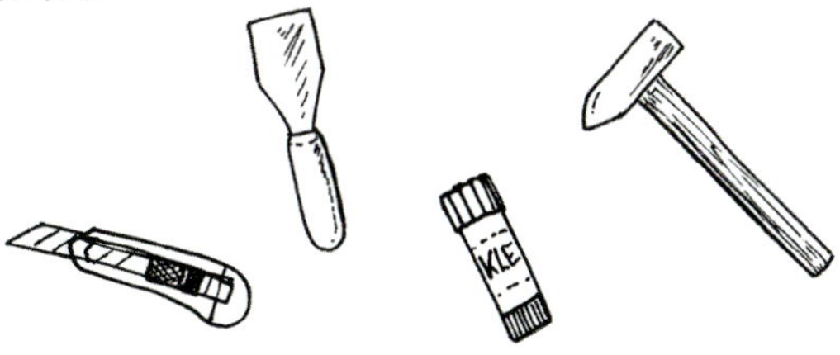

Literaturhinweise

„Ferdinand", Munro Leaf,
Diogenes Verlag Zürich, ISBN 978 3 257065480

„Freunde", Helme Heine,
Beltz Verlag, ISBN 978-3-407760043

„Na warte, sagte Schwarte", Helme Heine,
Beltz Verlag, ISBN 978-3-407760135

„Katzentatzen Hühnerhof", Fredrik Vahle und Helme Heine,
Middelhauve Verlag München, ISBN 3-787697470

„Nils Holgerssons wunderbare Reise", Selma Lagerlöf und Oliver Regener,
Arena Verlag, ISBN 978-3-401053349

„Die Stadtmaus und die Feldmaus", Pixi-Serie 111 / Nr. 946,
Carlsen Verlag, Hamburg

Märchen der Gebrüder Grimm:
„Hans im Glück"
„Die goldene Gans"
„Die Bremer Stadtmusikanten"

Das schönste Ei

Einstieg

Anstoß zu diesem Projekt gab das Buch „Das schönste Ei der Welt“ von Helme Heine. Er erzählt die Geschichte von den drei Hühnern Pünktchen, Latte und Feder, die sich nicht einigen können, wer das schönste Huhn ist. Das eine hat das schönste Kleid, das zweite die schönsten Beine und das dritte den schönsten Kamm. Um die Frage endlich zu klären, beschließen sie, den König um Rat zu fragen. Obwohl der König der Meinung ist, dass es eigentlich im Leben nur auf die inneren Werte ankommt, ruft er die drei Hühner zu einem Wettbewerb auf. Wer das schönste Ei legt, soll Prinzessin werden. Das erste Huhn legte das vollkommenste Ei, das zweite das größte Ei und das dritte das fantastischste Ei. Der König konnte beim besten Willen nicht feststellen, welches Ei das schönste war, und so wurden kurz entschlossen alle drei zu Prinzessinnen ernannt.

Material

viele alte Zeitungen – viel Kreppklebeband (ca. 2,5 und 3,0 cm breit) – Papierrestekiste (in diesem Fall auch mit Geschenkpapierresten) – Flüssigkleber und/oder Klebestifte – Scheren – eventuell Schleifen und/oder Federn – Krepppapier in verschiedenen Farben

Herstellung

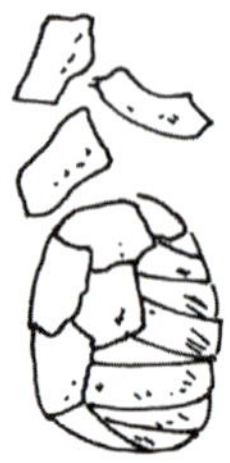

- Lassen Sie die Kinder zuerst ihr Ei aus altem Zeitungspapier knautschen. Dabei am besten ein Papierknäuel als Kern nehmen und immer weitere Zeitungsseiten darumwickeln, bis es die Form erreicht hat, die sich das Kind vorstellt. Dabei kann man das Kreppklebeband zum Fixieren der einzelnen Lagen zu Hilfe nehmen.
- Ist das Kind mit der Form zufrieden, wird das ganze Ei mit dem breiten Kreppklebeband lückenlos umwickelt und gut zurechtgedrückt. Das Klebeband gibt Stabilität und man hat anschließend eine helle Oberfläche zum weiteren Gestalten, was einfach schöner aussieht.
- Nun kann das Ei mit Papierresten, z. B. Geschenkpapierresten, beklebt werden. Den Farb- und Musterkombinationen sind keine Grenzen gesetzt.
- Zum Schluss kann das Ei noch eine Schleife aus bunten Krepppapierstreifen (ca. 3–4 cm breit) oder vielleicht auch eine oder zwei Federn erhalten.

Das verflixte Federvieh

Einstieg

Geben Sie den Kindern vorab die Aufgabe herauszufinden, welche Hühnerarten es gibt. Sie sollen Bücher, Fotos, Prospekte oder Bilder aus dem Internet (z. B. *www.google.de* → Bilder → Hühner) sammeln und mitbringen. Vielleicht kann jemand auch über ein eigenes Erlebnis mit Hühnern berichten.

Bringen Sie zu Beginn der Stunde den Kindern Anschauungsmaterial über Hühner mit, z. B. ein Plakat mit Abbildungen von verschiedenen Hühnerarten, Hühnerfedern oder Ton-, Holz- und Plastikfiguren.

Material

je Kind 1 Bogen Zeichenpapier DIN A4 (120 g, 50 x 70 cm) – Zeichenkohle – Fixierspray

Herstellung

- Betrachten Sie zusammen mit den Kindern das mitgebrachte Anschauungsmaterial und besprechen Sie, welche körperlichen Merkmale ein Huhn hat. Was unterscheidet es von einer Ente oder einer Gans?
- Anschließend zeichnet jedes Kind frei mit dicker oder dünner Zeichenkohle sein eigenes Huhn oder seinen eigenen Hahn.
- Der Vogel sollte möglichst das Blattformat ausfüllen und die Kohle das ganze Blatt einfärben. Das Tier kann natürlich auch im Nest oder im Stall sitzen, auf der Wiese picken oder laufen oder auf dem Misthaufen stehen und krähen.
- Zeigen Sie den Kindern, wie sie die Zeichenkohle zart und kräftig auftragen können und dass sich Kohlestriche auch wieder mit der Hand wegwischen lassen (es wird kein Radiergummi benötigt). Durch Verwischen und erneutes stärkeres Auftragen lassen sich dunklere Flächen anlegen, die sich ohne Weiteres wieder mit Linien überzeichnen lassen.
- Diese Eigenschaft macht Kohlezeichnungen sehr empfindlich. Um fertige Stellen vor dem Verwischen zu schützen, kann die Zeichnung auch zwischendurch mit dem Fixierspray eingesprüht werden. (Wichtig: Spray vor dem Weiterzeichnen erst trocknen lassen.)

- Am Ende die gesamte Zeichnung mehrmals in dünnen Schichten mit dem Fixierspray übersprühen und gut trocknen lassen.
- Bei der Präsentation nie die Zeichnung direkt hinter das Glas legen (immer ein Passepartout dazwischenlegen), da die Zeichnung trotz Fixierspray nicht 100 % abriebfest ist.

Verrückte Hühner

Einstieg

Benno, der Hofhund, kommt mit Neuigkeiten: Morgen kommt ein neuer Hahn auf den Hof. Das verursacht viel Aufregung im Hühnerstall. Alles gackert, flattert und rennt wie verrückt durcheinander. Wie der Hahn wohl aussieht? Jedes Huhn will dem neuen Chef natürlich gefallen. Wer ist die Schönste im ganzen Hühnerstall? Die Hühner beschließen, sich besonders bunt herauszuputzen, damit der Hahn sie bewundern kann.

Material

je Kind 1 kleine Plastikgießkanne (jede kann eine andere Form haben) – altes Zeitungspapier – Kreppklebeband – weißes Makulaturpapier – Tapetenkleister – Acrylfarben in Rot, Blau, Gelb, Grün, Weiß und Schwarz – flache Borstenpinsel in verschiedenen Stärken – Becher zum Farbenmischen – Wattekugeln – bunte Plastiktüten – Scheren – Heißklebepistole – Malerabdeckfolie für die Tische

Herstellung

- Rühren Sie zu Beginn den Tapetenkleister an und decken Sie die Tische mit Abdeckfolie ab.
- Die Kinder wickeln geknautschtes Zeitungspapier um ihre Kanne und befestigen es mit Kreppklebeband, bis Hals, Kopf, Kamm, Bauch und Körper des Huhns die gewünschte Form haben. Dabei kann der Kannenausguss als Schnabel vorne etwas aus dem Kopf herausschauen.
- Soll das Huhn flattern, werden auf diese Weise auch noch Flügel geformt und mit Kreppklebeband am Körper befestigt.
- Für jedes Huhn wird Makulaturpapier in handtellergroße Stücke gerissen. Die Menge sollte reichen, um das Huhn lückenlos rundherum zu bekleben. Der Standboden wird mitbeklebt, die Einfüll- und die Gießöffnung können offenbleiben.
- Jedes Kind erhält einen Becher mit Tapetenkleister und überzieht die Oberfläche seines Huhns mit eingekleisterten Papierstücken. Die Arbeiten müssen nun über Nacht trocknen.
- Kleben Sie, z. B. mit der Heißklebepistole, jeweils zwei Wattekugeln als Augen an die Köpfe, bevor die Hühner bunt herausgeputzt werden, und lassen Sie jedes Kind in einem Becher seine Grundfarbe für die Hühnerfedern mischen. Stellen Sie ebenfalls noch Becher mit den Farben Rot, Blau, Gelb, Grün, Schwarz und Weiß zur Verfügung. Die Kinder sollen dabei die Farben untereinander austauschen.
- Wenn die Farbe der Hühner getrocknet ist, werden die Plastiktüten noch in Streifen geschnitten und als bunter Schwanz buschig an den Gießkannenhenkel angebunden.

Jetzt kann der neue Hahn kommen!

Ferdinand, der Stier

Einstieg

Kennen Sie die Geschichte „Ferdinand“ von Munro Leaf?

In Spanien lebt der kleine Stier Ferdinand zusammen mit seiner Mutter auf einer Weide auf dem Land, wie alle Stiere. Aber Ferdinand ist anders als seine Artgenossen. Statt wie sie zu raufen, zu schnaufen, sich zu jagen und mit den Köpfen zusammenzustoßen, sitzt Ferdinand lieber im Schatten unter seinem Lieblingsbaum, einer Korkeiche, und riecht an den vielen Blumen. Das ändert sich auch nicht, als Ferdinand ein großer, starker Stier geworden ist.

Eines Tages kommen Männer aus der großen Stadt, um sich bei dem Bauern die stärksten, wildesten und gefährlichsten Stiere für den Stierkampf auszusuchen.

Alle Stiere auf der Weide geben ihr Bestes, damit sie von den Männern ausgewählt werden. Ferdinand interessiert sich überhaupt nicht dafür. Er geht zu seinem Lieblingsplatz unter dem Baum und zu den Blumen – aber welch ein Missgeschick! Ferdinand setzt sich auf eine Hummel, die ihn natürlich sticht. Dieser Hummelstich lässt ihn zum wildesten Stier auf der Weide werden und die Männer suchen ausgerechnet ihn für den Stierkampf aus.

Es kommt, wie es kommen musste: Am Tag des Stierkampfes stellt sich Ferdinand ganz friedlich in die Mitte der Arena und schnuppert an den vielen schönen Blumen, die ihm die Damen von der Tribüne aus zuwerfen. Kein Banderillero, kein Pikadore und auch nicht der Matador mit Tuch und Degen kann Ferdinand aus der Ruhe bringen. Und so müssen sie ihn wieder zu seiner Wiese zurückbringen.

Material

je Kind 1 großen Bogen (50 x 70 cm) Tonkarton (verschiedene Grüntöne) – weißes Malpapier in DIN A3 – verschiedenfarbige Tafelkreide – 1 Gefäß zum Anrühren der Zuckerlösung – 1 Schüssel je Kreidefarbe – 1 wiederverschließbares Gefäß für alle Kreidereste – mindestens 1 l warmes Wasser (je nach Kreidemenge) – 1 Paket Zucker – Scheren – Klebestifte

Herstellung

- Bereiten Sie eine gesättigte Zucker-Wasser-Lösung vor. Schütten Sie dazu so lange Zucker in das Wasser, bis sich keine Zuckerkristalle mehr in der Lösung auflösen (= gesättigt).
- Legen Sie die Kreide einer Farbe in eine Schüssel und übergießen Sie diese gemeinsam mit den Kindern mit der Zuckerlösung.
- Lassen Sie die Schüssel herumgehen und jeden an der Schüssel lauschen. Die Kinder werden überrascht feststellen, dass die Kreide „singt“. Dieses Geräusch entsteht dadurch, dass die Kreide sehr porös ist und die Flüssigkeit gierig aufsaugt. Ist die Kreide wieder still, kann mit ihr gemalt werden.

- Stellen Sie auch die anderen „Farblösungen“ her.
- Zuerst sollen die Kinder auf dem grünen Bogen nur die Landschaft malen (z. B. den Baum, die Blumen, das Gras). Sie werden von den leuchtenden Farben begeistert sein.
- Ferdinand, der Stier, wird anschließend extra auf dem weißen DIN-A3-Bogen ebenfalls mit der Zuckerkreide gemalt.
- Beide Blätter trocknen lassen. Der Zucker lässt die Kreide leuchten und bindet die Pigmentpartikel, sodass Sie die Arbeiten nicht weiter fixieren müssen.
- Zuletzt schneidet jeder seinen Ferdinand aus und klebt ihn in seine Blumenwiese.
- Als Alternative können Sie den Kindern eine Kopiervorlage des Stierkopfes anbieten, die sie bemalen und ausschneiden können.

Variation

Material für jedes Kind einen Bogen saugfähiges Papier (50 x 70 cm, 120 g) – für jeden eine entsprechend große und kräftige Malunterlage (z. B. Malbrett oder Wellpappe) – breites Kreppklebeband – Ölpastellkreiden in vielen Farben – grüne, wasserfeste Tusche oder grüne, wasserlösliche Holzbeize (in Pulverform oder flüssig) – ein großes Glas mit Schraubdeckel (1/2 l) – breiter Becher – breiter Flachpinsel (Größe 5 cm)

Herstellung

- Lassen Sie die Kinder zuerst ihr Blatt Papier mit dem Kreppklebeband rundherum an allen vier Seiten auf der Malunterlage festkleben.
- Nun können die Kinder mit dem Zeichnen beginnen. Die Ölpastellkreiden sollen dabei fest aufgetragen werden. Durch Überzeichnung lassen sich die Farben dabei auch miteinander mischen und somit ganze Flächen gestalten. Es kann auch mit Weiß gezeichnet werden. Die Linien werden am Ende wieder sichtbar.
- Beim dritten Schritt wird die ganze Arbeit schnell, leicht und großflächig mit Tusche oder der in Wasser angerührten Holzbeize überzogen. Benutzen Sie dazu einen Flachpinsel

Achtung: Mit dem Pinsel nicht auf einer Stelle „schrubben“, da die Ölkreide sonst leicht verwischt. Außerdem ist Tusche und Beize sehr farbintensiv und geht aus der Kleidung nicht wieder heraus (Schutzkleidung anziehen).

- Arbeit trocknenlassen und das Klebeband abziehen. Durch das Klebeband hat sich das Papier nach dem Trocknen wieder geglättet und es ist ein sauberer Rand entstanden.

1, 2, 3, 4 Eckstein, der Hase soll versteckt sein

Einstieg

Lesen Sie den Kindern im Kreis sitzend den Reim vom „Hasen mit der roten Nase“ von Helme Heine vor (s. S. 14). Dieser Reim handelt von einem Hasen im Kleefeld, der mit roter Nase und blauem Ohr von seinem Feind, dem Fuchs, unentdeckt bleibt, da er ihn nicht für einen Hasen hält.

Material

je Kind 1 Bogen weißes Tonpapier DIN A2 oder A3 – breites Kreppklebeband – deckende Farben – Pinsel in unterschiedlichen Stärken – Styroporreste – Cutter

Herstellung

- Jedes Kind erhält einen Bogen weißes Tonpapier. Dieser wird mit Kreppklebeband rundherum auf der Arbeitsunterlage aufgeklebt. Somit trocknet das Bild ohne Wellen und nach dem Abziehen des Klebebandes entsteht ein sauberer Rand.
- Nun wird der Hintergrund des Bildes gestaltet. Die Kinder sollen das Papier vollständig bemalen, z. B. Wiese mit Horizont und Himmel oder Grüntöne für Wiese und Rasen.
- Ist der Hintergrund getrocknet, wird der Hase darauf gemalt. Die Farbe nicht mit Wasser verdünnen, sondern deckend auftragen.
- Anschließend schneiden die Kinder mit dem Cutter ein Herz aus den Styroporresten, das sie mit Hilfe eines Plätzchenausstechers in Herzform darauf gezeichnet haben. Somit entsteht ein Herzstempel für den Klee.
- Das Herz immer wieder mit grüner Farbe bestreichen und auf die Wiese drucken. Drei oder vier Herzen, die sich an der Spitze berühren, sehen wie ein Kleeblatt aus.
- Mit einem dünnen Pinsel können die Kinder nun noch die Kleestiele malen.

Variation

Man kann mit den Kindern überlegen, wie ein Hase noch aussehen könnte, um nicht erkannt zu werden. Vielleicht hat er drei Ohren, um besser hören zu können oder er hat Flügel, um zu fliegen. Vielleicht versteckt er sich auch nur hinter einer bunten Sonnenbrille.

Der Hase mit der roten Nase

Es war einmal ein Hase
mit einer roten Nase
und einem blauen Ohr.
Das kommt ganz selten vor.
Die Tiere wunderten sich sehr:
Wo kam denn dieser Hase her?
Er hat im Gras gesessen
und still den Klee gefressen.
Und als der Fuchs vorbeigerannt,
hat er den Hasen nicht erkannt.
Da freute sich der Hase.
„Wie schön ist meine Nase
und auch mein blaues Ohr,
das kommt so selten vor.“

aus: Helme Heine, Der Hase mit der roten Nase

Mäusepicknick

Einstieg

Familie Maus möchte heute ein Picknick machen. Mama Maus hat dazu eine neue Picknickdecke genäht, von der alle Familienmitglieder sehr begeistert sind. Auf dieser Decke sehen die mitgebrachten Speisen noch appetitlicher aus.
Sprechen Sie mit den Kindern über Picknick-Abenteuer, die sie mit ihrer Familie erlebt haben.
Welche leckeren Dinge gab es zu essen?
Wer war bei diesem Picknick dabei?
Haben die Kinder auch auf einer Picknickdecke gesessen?

Material

je Kind 1 Bogen saugfähiges, weißes Papier DIN A2 – breites Kreppklebeband – deckende Farben – Pinsel – Schwammtücher in verschiedenen Farben – Moosgummi in Grau- und Brauntönen – Wackelaugen in unterschiedlichen Größen – Plastikschnüre – Pappteller

Herstellung

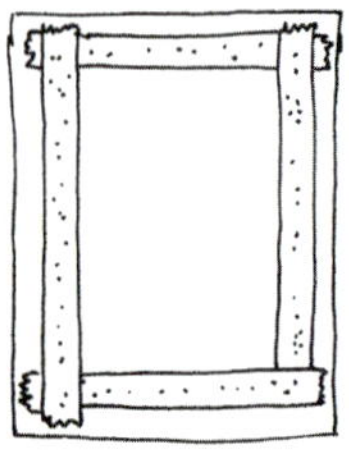

- Jedes Kind erhält einen Bogen weißes Papier und klebt diesen mit Kreppklebeband auf der Malunterlage rundherum fest. So kann sich das Papier nicht verziehen und die Arbeit hat nach dem Trocknen einen sauberen Rand.
- Auf Papptellern mischen sich die Kinder die Farben an, mit denen sie ihre Picknickdecke malen wollen.
- Mit Pinsel wird nun das Muster auf das festgeklebte Papier gemalt. Manche mögen Streifen, manche Pünktchen. Hier sind dem Design keine Grenzen gesetzt.
- Während die Decke trocknet, werden aus grauem oder braunem Moosgummi Mäuse ausgeschnitten und mit Wackelaugen versehen. Aus Plastikschnüren können Barthaare an die Mäuse geklebt werden.
- Die Schwammtücher werden zu Köstlichkeiten wie Käse, Äpfel, Orangen und Trauben. Man schneidet sie in der Form der gewünschten Speise wie z. B. Dreiecke als Käsestückchen. Kleine, hineingeschnittene Löcher sehen aus wie Knabberspuren von Familie Maus.
- Ist die Decke trocken, kleben die Kinder die Mäusefamilie und ihre Speisen auf.

Eine Gans fliegt über Land

Einstieg

Evtl. sind einige Kinder schon einmal mit einem Flugzeug geflogen, andere Kinder haben Luftaufnahmen in Zeitungen und im Fernsehen gesehen oder von einem hohen Turm heruntergeschaut. Lassen Sie sich von den Kindern beschreiben, was sie alles von oben – aus der Vogelperspektive – gesehen haben.
Schauen Sie sich zusammen Luftaufnahmen (z. B. *www.google.de* → Bilder → Luftaufnahmen) an und erklären Sie die typischen Merkmale der Vogelperspektive. In Zeitschriften und Büchern können die Kinder auch selbst auf die Suche nach passenden Beispielen gehen.

Ein netter Einstieg in das Thema ist auch die Geschichte von „Nils Holgersson" aus Norwegen, der auf dem Rücken einer Gans mit in das Winterquartier der Vögel fliegt und dabei einige Abenteuer erlebt.

Material

je Kind 1 Bogen weißes, saugfähiges Papier (50 x 70 cm, 120 g) – je Kind 1 Kopie des Gänsekopfes – Wasserfarben und Deckweiß – Pinsel – Wasserbecher – Scheren – Klebestifte – Bleistifte – breites Kreppklebeband

Herstellung

- Lassen Sie jedes Kind einen Papierbogen mit Kreppklebeband auf seinem Arbeitsplatz oder einer festen Malunterlage (Malbrett oder Malpappe) rundherum fixieren.
- Jedes Kind erhält eine Kopie des Gänsekopfes, schneidet ihn aus und klebt ihn auf seinen Papierbogen.
- Mit Bleistift kann jeder grob seine Landschaft auf dem Papier skizzieren und je nachdem, wo sie den Kopf platziert haben, noch Teile von Körper und Flügel der Gans ergänzen.
- Anschließend kann die Landschaft mit Wasserfarben gestaltet werden.
- In einer Reihe aufgehängt entsteht so in ihrem Gruppenraum eine lange „Vogelfluglinie".

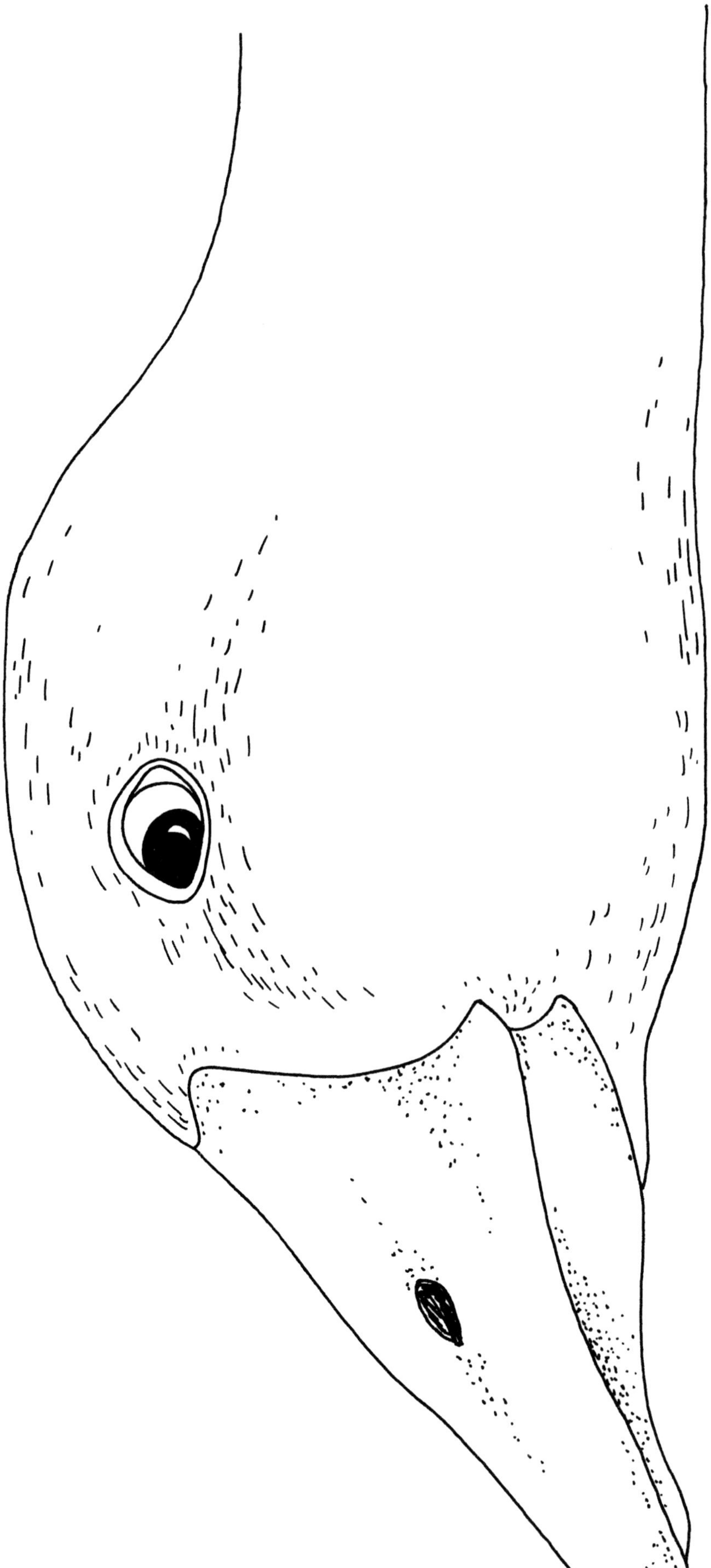

Ein neues Haus für Familie Maus

Einstieg

Familie Maus möchte von der Stadt auf das Land ziehen. „Dort hätten die Mäusekinder viel Platz zum Spielen und die Luft wäre viel besser", sagt Herr Maus. Frau Maus wünscht sich eins dieser modernen Stiefelhäuser, in denen es sich auch bei Regen gemütlich wohnen lässt.

Betrachten Sie mit den Kindern die Gummistiefel. Die Kinder sollen nun zu Architekten werden und ein Stiefelhaus für Familie Maus bauen. Wie könnte ein Traumhaus für Mäuse aussehen? Anregungen hierzu können die Kinder im folgenden Gedicht finden:

Familie Maus
Guten Tag, Familie Maus,
ach nein, wie seht ihr niedlich aus,
sitzt gemütlich in dem Garten,
knabbert Brot und Schinkenschwarten.

Papa Maus mit dickem Bauch,
sieht wie Mause-Opa aus.
Isst den Käse und den Speck
den kleinen Mäusekindern weg.

Ach und da schaut Mama Maus
aus dem Stiefelfenster raus.
Hat zwei kleine feine Öhrchen,
pflanzt im Garten gerne Möhrchen.

Mäusekinder, weicher Flaum,
immer putzig anzuschaun,
naschen gerne Allerlei,
am liebsten Oma's Käsebrei.

Und die dicke Oma Maus
kocht tagein und tagaus,
rührt in ihrem großen Topf
Teig für leckeren Käsezopf.

Rauch steigt aus dem Schornstein auf
aus dem Stiefel-Mausehaus,
bei Käsezopf und Tierlegende
neigt der Tag sich seinem Ende.

Material je Kind 1 Stiefel und 1 Holzbrett 30 x 30 cm – grüne Acrylfarbe – Hammer und Nägel – Holzspieße – Draht – Schnur – Wolle – Klebeband – flüssiger Kleber – Pfeifenputzer – Stoffreste – Korken – Naturmaterialien – kleine Plastikteile wie Flaschendeckel – Knete in Weiß, Grau oder Braun – Cutter/Schere – Papierrestekiste

Herstellung

- Jedes Kind bemalt zuerst sein Holzbrett mit grüner Farbe.
- Während dieses trocknet, schneiden die Kinder mit Schere oder Cutter die Fenster und Türen in ihren Stiefel. Dieser wird anschließend auf das trockene Brett (von außen schräg durch den Rand der Sohle) genagelt.
- Wer einen Zaun möchte, kann rund um das Brett Nägel hineinschlagen, die als Zaunpfähle dienen. Verbindet man sie mit Schnur oder Wolle, entsteht ein Zaungeflecht.
- Nun folgt die Ausgestaltung des Hauses. Aus Plastikteilen, Stoff und Holzspießen können Balkone, Sonnenschirme oder Bullaugenfenster entworfen werden. Hier sind der Fantasie der jungen Architekten keine Grenzen gesetzt.
- Aus Papier, Wolle, Pfeifenputzern und vielem mehr kann das Außengelände gestaltet werden. Die Mäusekinder freuen sich bestimmt über eine Strickleiter oder eine Rutsche. Auch ein Baum im Garten oder ein Gemüse- bzw. Blumenbeet wären Möglichkeiten der Grundstückgestaltung.
- Zum Abschluss kneten die Kinder aus weißer, grauer oder brauner Knete Familie Maus und platzieren sie in ihrem Objekt.

Bunt wie eine Kuh!

Einstieg

Die Kinder gestalten ihr eigenes Spiel „Bunt wie eine Kuh“. Sammeln Sie mit den Kindern Bilder oder Poster von Bauernhoftieren. Schauen Sie sich diese gemeinsam im Stuhl- oder Sitzkreis an und sprechen Sie über die Tiere und den Alltag auf dem Bauernhof.

Es wäre schön, wenn Sie ein Spiel im Vorfeld gestaltet hätten und nun mit den Kindern eine Runde „Bunt wie eine Kuh“ spielen könnten.

Material

je Kind 1 Bilderrahmen (weiß oder natur zum Bemalen) DIN A5 oder DIN A6 – Acrylfarbe in Weiß und Schwarz – Tonpapier in Schwarz, Weiß, Rosa und Kuhfelloptik – feste Pappe – weiße und schwarze Wolle – Bilder oder Poster von Tieren auf einem Bauernhof – (Holz-)Perlen 10–12 mm – Flüssigkleber

Herstellung

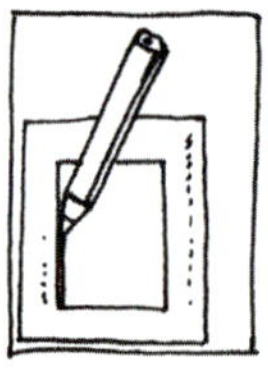

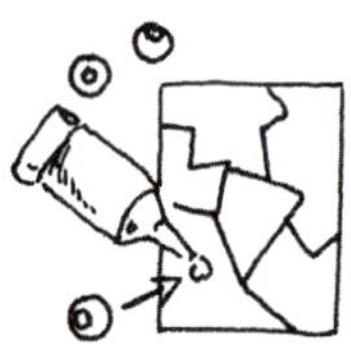

- Jedes Kind erhält einen weißen Rahmen oder malt einen Naturholz-Rahmen weiß an. Anschließend werden mit schwarzer Acrylfarbe die Flecken auf den Rahmen gemalt.
- Aus fester Pappe wird ein Rechteck zugeschnitten, das in den Rahmen auf das Glas gelegt werden kann (nicht wie bei einem Foto hinter das Glas).
- Nun schneiden die Kinder die gesammelten Poster und Bilder passend zu diesem Rechteck zu.
- Das Papprechteck wird nun, ähnlich wie ein Puzzle, in 4 oder 5 Stücke geschnitten. Auf jedes dieser Teile wird eine (Holz-)Perle geklebt.
- Aus Tonpapier in Kuhfelloptik schneiden die Kinder nun den Kopf ihrer Kuh und gestalten ihn mit Ohren, Hörnern, Schnauze und Augen. Des Weiteren werden die Beine der Kuh ausgeschnitten.
- Wollfäden werden zu einem Schwanz gedreht oder geflochten und, ebenso wie Kopf und Beine, an den Rahmen angeklebt. Fertig ist die bunte Kuh.

Spielregeln

für eine Kleingruppe von 3–5 Kindern

In eine Kuh wird vom Spielleiter (einem Kind), nicht sichtbar für die Mitspieler, ein Tierbild eingelegt und mit den Puzzleteilen bedeckt. Die Mitspieler decken nun ein Teil nach dem anderen auf. Wer zuerst errät, was zu sehen ist, erhält das Bild.

Gewonnen hat der Mitspieler, der nach Spielen aller Bilder einer Kuh die meisten Bilder erraten hat.

Die Rolle des Spielleiters geht nun an das nächste Kind weiter und es wird die folgende Runde mit einer neuen Kuh gespielt.

So eine Schweinerei

Einstieg

Lesen Sie den Kindern die Geschichte von Bauer Untermoser vor (S. 29) und überlegen Sie gemeinsam, wie die Geschichte weitergehen könnte. Wird es den Schweinen nicht langweilig? Was ist, wenn die Schweine auf der Weide alles aufgefressen haben? Was machen sie bei Regenwetter oder im Winter, wenn es kalt ist und schneit?

Material

je Kind 1 große, dicke, leere Plastikflasche mit Deckel (z. B. vom Weichspüler, sie kann auch einen Henkel haben) – Zeitungspapier – Makulaturpapier (Resterollen von der Druckerei) – Tapetenkleister – Kreppklebeband – Acrylfarben: Weiß, Rot, Braun, Schwarz, Blau, Gelb – breite und dünne Pinsel – Pappteller zum Mischen – Wasserbecher

Herstellung

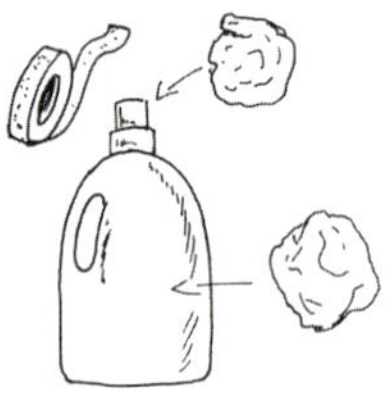

- Jedes Kind bekommt eine Plastikflasche, die den Körper des Schweins darstellt.
  Aus dem Zeitungspapier wird zuerst ein Kopf geknautscht, geformt und mit Hilfe des Kreppklebebandes an der offenen Flasche befestigt. Anschließend wird der Deckel mit Klebeband als Schnauze am Kopf befestigt.
- Ist der Bauch oder das Hinterteil noch zu schlank, werden an der entsprechenden Stelle noch weitere Papierknäuel und -würste mit dem Kreppklebeband angebracht. Ebenso kann man es mit Schnauze, Ohren und Beinen machen.
- Jetzt muss zuerst das Makulaturpapier kleingerissen werden (ca. 5 x 5 cm große Stücke). Wenn alle mithelfen, dauert es nicht lange und Sie haben genügend Papierschnipsel zusammen, um alle Figuren damit zu bekleben.
- Die Schweinefiguren mit Tapetenkleister und den Papierschnipseln bekleben, bis keine offene Stelle mehr zu sehen ist und das Schwein rundherum die richtige Form hat.
- Die Figuren trocknen lassen (s. dazu Tipp Seite 27).
- Jedes Kind mischt sich auf einem Pappteller seine Schweinehautfarbe und malt sein Schwein damit an.

Die Geschichte vom Bauer Untermoser

Kennt Ihr Bauer Untermoser? Nein?
Bauer Untermoser ist kein gewöhnlicher Bauer. Er ist ein Schweinebauer.
Ihr wisst nicht, was ein Schweinebauer ist? Na, aber das ist doch klar! Ein Schweinebauer züchtet kein Gemüse, kein Obst, keine Pferde, Schafe, Hühner oder Rinder – nein, er züchtet Schweine. Und Schweine hat Bauer Untermoser viele:
dicke, dünne, kleine, große, einige mit Hängebauch, manche mit braunen und grauen Flecken, manche ganz rosa, einige mit Steh- oder auch mit Schlappohren, mit kleinen Äuglein und lustigen Ringelschwänzen.

Der Bauernhof von Bauer Untermoser liegt hinten im Tal von Untermoos, mitten zwischen saftigen Wiesen. Nahe am Hof und durch die Wiesen fließt ein klarer Bach. Im Hof des Bauern gibt es viele schöne, matschige Schlammlöcher, in denen man herrlich herummatschen kann, so wie es Schweine manchmal lieben.

Wie Bauer Untermoser aussieht, wollt ihr wissen? Nun ja, wenn man es genau nimmt, sieht er seinen Schweinen sehr ähnlich. Er hat einen runden Bauch, kurze Beine, einen Kopf ohne Haare, dicke Wangen, eine rosige Gesichtsfarbe, ein paar Borsten am Kinn und kleine dunkle Äuglein.

Außerdem ist Bauer Untermoser sehr faul. Er macht am liebsten Brotzeit auf seiner Bank im Garten, trinkt Bier dazu und legt sich anschließend zum Verdauen in seine Hängematte, die er zwischen zwei Bäume gehängt hat. Nach dem Abendessen mit Schweinebraten, Knödeln und Kraut geht er gleich in sein Bett, denn ein fettes Abendessen macht bekanntlich sehr müde.

Und die Arbeit auf dem Bauernhof, wer die erledigt, wollt ihr wissen? Ja – hm – na ja – von Arbeit hält Bauer Untermoser nicht sehr viel.

Ob es denn keinen Stall zum Ausmisten gibt, fragt ihr? Nein, einen Stall gibt es nicht, das wäre doch nun zu viel Arbeit und gar nicht gut für den Rücken von Bauer Untermoser.

Nein, nein, er hat vor langer Zeit vom Schreiner Hobelbein aus dem Dorf einen großen Zaun um sein Land und seinen Hof bauen lassen. So können ihm keine Schweine weglaufen und er muss auch nicht auf sie aufpassen. Seine Schweine können sich den ganzen Tag frei bewegen, nach Lust und Laune Gras fressen, Wurzeln und Knollen ausgraben, Wasser trinken, im Schlamm baden – gerade, wie es ihnen gefällt. Wenn sie müde sind, suchen sie sich unter einer alten Eiche im Laub einen Schlafplatz und kuscheln sich dicht aneinander.

So vergeht ein Tag wie der andere. Die Schweine fressen, saufen, grunzen, toben und schlafen – und der Bauer Untermoser isst, trinkt, schläft und ist faul.

Wie im Paradies meint ihr? Na ja – das kann sein, aber …

Tipp: Während die Schweine trocknen müssen, können Sie die lustige Geschichte „Na warte, sagte Schwarte" von Helme Heine vorlesen oder erzählen:

Ein Schweinemann namens Schwarte möchte seine Schweinedame Ringelschwänzchen heiraten und lädt seine Freunde zur Hochzeit ein. Zur Freude des Brautpaares kommen alle. Nur müssen sie leider feststellen, dass alle ganz schön schmutzig sind und ordentlich stinken. So beschließen die Schweine kurzerhand, sich gründlich zu waschen und anschließend mit den Farbresten aus dem Stall Kleidung auf die Haut zu malen. Bevor die nun festlich gekleidete Hochzeitsgesellschaft zum Schmausen an der Festtafel Platz nimmt und der Tanz beginnen kann, stellen sie sich noch zu einem Hochzeitsfoto auf. Das fröhliche Fest endet plötzlich mit einem unvorhergesehenen Gewitter, doch Schwarte hat eine Überraschung für seine Braut – nämlich ein wunderschönes Himmelbett in der Scheune.

Jeder überlegt sich, ob sein Gast ein Schweinemann, eine Schweinedame oder ein Schweinekind ist und welche Kleidung es für das Fest anzieht. Vielleicht fallen den Kindern auch noch passende Namen für ihr Schwein ein, z. B. Pinky, Schnüff, Keule, Rosa Ringel, Brunhilde Grunz, Emil Borste, Albert Haxe oder Erich Widerborste. Dann wird jedes Schwein mit Farbe angezogen.

Weiterführung Die Geschichte kann auch als zweite Einleitung verwendet werden, und die Kinder basteln nach der Bemalung der Schweine noch einen Stall.

Material je Kind 1 Pappkarton (passend zur Schweinegröße) – Gardinenreste/Stoff – Stroh oder Heu – Klebestifte und Flüssigkleber/Tacker – Scheren/Cutter – Bleistifte – Acrylfarben: Weiß, Rot, Braun, Schwarz, Blau, Gelb – breite und dünne Pinsel – Pappteller zum Mischen – Wasserbecher

Herstellung

- Jedes Kind zeichnet für den Stall auf seinen Pappkarton den Eingang und die Fenster auf.
- Die Öffnung des Stalls mit der Schere oder dem Cutter einschneiden und z. B. Fensterläden oder Tür umknicken.
- Anschließend werden die Kartons farbig bemalt.
- Nun die Fenster mit Gardinen (Gardinenreste oder Stoff) schmücken.
- Zum Schluss alles mit Stroh oder Heu kuschelig auslegen.

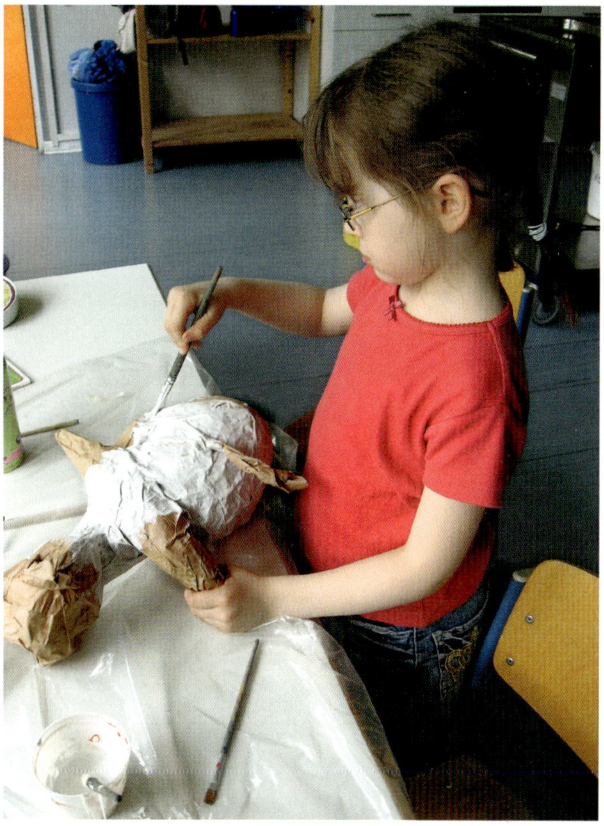

Danke

In diesem Heft möchten wir allen danken, die uns immer wieder Mut machen und unterstützen, weiterzuschreiben.

Wir danken allen Kindern, die uns bei unseren Projekten immer wieder mit neuen Ideen überraschen und kreativ mitarbeiten.

Darüber hinaus geht ein Dankeschön an das Verlagsteam des BVK für die gute und vertrauensvolle Zusammenarbeit.

Und zuletzt bedanken wir uns wieder bei unseren Ehemännern und Familien, die für uns da sind, wenn es mal wieder nicht so klappt, wie wir uns das vorstellen.

Die Autorinnen